BILINGO BOOKS

Copyright © 2023 por Natalia Simons

Derechos de Autor 2023 Natalia Simons.
Todos los derechos reservados. Ninguna parte de esta publicación puede ser reproducida, distribuida o transmitida de ninguna forma ni por ningún medio, incluyendo fotocopia, grabación u otros métodos electrónicos o mecánicos, sin el permiso previo por escrito de la editorial, excepto en el caso de usos no comerciales permitidos por la ley de derechos de autor.

ISBN: 978-1-7392639-3-5 (edición en rústica)
ISBN: 978-1-7392639-4-2 (edición en tapa dura)

Texto: Natalia Simons
Ilustraciones: Andreea Hompoth-Voicu
Traducción: Gabriella Aldeman
Edición: Pilar Garí
Revisiones: María del Mar Gallego Vicente

🌐 www.bilingobooks.com
📷 @BilingoBooks

La amabilidad es...

Natalia Simons
Ilustración: Andreea Hompoth-Voicu

BILINGO BOOKS

Este libro pertenece a

....

....

...para hacer nuevos amigos y ser constructores.

¡O simplemente disfrutar a su lado!

La amabilidad es...

Hablar con respeto y hablar con valor...

Gracias

¡Bien hecho!

No hace falta que hagas magia,
solo comparte tu risa y tu humor.

La amabilidad es...

Ser valiente cuando es necesario...

La amabilidad es...

Repartir la tarta de forma justa.

La amabilidad es...

Brillar como el sol, un cálido amigo.

No dejes que los nubarrones se crucen en tu camino.

La amabilidad es...

Echar una mano de vez en cuando...

...o recoger los juguetes de tu cuarto.

Y a las arañas tratarlas con ternura.

La amabilidad es...

Cuidar siempre nuestro planeta sin acumular más cosas de la cuenta.

Viajar en bicicleta, en autobús o en tren
y reciclar y reutilizar bien.

La amabilidad es...

Plantar una semilla para que crezca con amor.

El milagro de un árbol majestuoso que es puro verdor.

La amabilidad es...

Quererte a ti mismo, conocer tus destrezas.

Y estar dispuesto a alcanzar las estrellas.

...en donde todos seamos tratados con respeto y mucho amor.

La amabilidad es...

Un cuento para leer en la cama.

www.ingramcontent.com/pod-product-compliance
Lightning Source LLC
Chambersburg PA
CBHW042031100526
44587CB00029B/4382